Les
Grandes
Vies

FRIDA
KAHLO

Publié pour la première fois en 2018
par Laurence King Publishing
361-373 City Road
London EC1V 1LR
United Kingdom

Pour l'édition originale
Édition : Chloë Pursey
Responsable éditoriale : Katherine Pitt
Conception graphique : Charlotte Bolton
Graphiste : The Urban Ant Ltd
Logo de la collection dessiné par Anke Weckmann

Pour l'édition française
Responsable éditorial : Thomas Dartige
Éditrice : Anne-Flore Durand
Réalisation de l'édition française : Lunedit, Paris
Traduction : Emmanuelle Urien

La présente édition est publiée
par Gallimard Jeunesse,
5, rue Gaston Gallimard
75328 Paris Cedex 07

ISBN : 978-2-07-510466-1
© 2018 Gallimard Jeunesse, Paris
Loi n° 49-956 du 16 juillet 1949
sur les publications destinées à la jeunesse
Premier dépôt légal : août 2018
Dépôt légal : septembre 2019
N° d'édition : 357336
Photogravure couverture : IGS
Imprimé en Chine

Déjà parus dans la même collection :
Marie Curie,
Léonard de Vinci,
Nelson Mandela,
Anne Frank,
Charles Darwin,
Maya Angelou,
Fernand de Magellan

Les Grandes Vies

FRIDA
KAHLO

Écrit par
Isabel Thomas

Illustrations de
Marianna Madriz

GALLIMARD JEUNESSE

Frida Kahlo est l'une des plus grandes artistes mexicaines. Elle vécut pendant une période de profonds changements au Mexique et dans le monde. Son mari, Diego Rivera, est aussi un artiste mexicain mondialement connu.

Mais qui était vraiment Frida Kahlo ? Elle a tenté de répondre à cette question à travers ses peintures, dont des dizaines d'autoportraits – l'équivalent des « selfies » pour un artiste.

Frida voulait montrer une « vérité supérieure » : pas seulement son apparence, mais ses pensées, ses sentiments et ses liens avec le Mexique.

Elle devint célèbre dans le monde entier pour avoir peint sans cesse la même chose : elle-même !

Frida naît en 1907 à Coyoacán, au Mexique,
d'une mère mexicaine et d'un père allemand.

Matilde Calderón y Gonzalez

Matilde, sa mère, est belle et élégante,
mais très stricte. Il semblerait
qu'elle était dépressive.

**Magdalena Carmen
Frida Kahlo Calderón**

Elle grandit dans la *Casa Azul*, une jolie
« maison bleue » dessinée par son père.

Guillermo Kahlo
(Carl Wilhelm Kahlo)

**Guillermo, son père,
photographe, a immigré au
Mexique à l'âge de 18 ans.**

Appelle-moi
Frida !

Frida a trois sœurs : Matilde, Adriana
et Cristina. Son père a aussi deux filles
issues d'un premier mariage.

Pendant la petite enfance de Frida, le Mexique vit de grands changements politiques. En 1910, c'est le début de la Révolution mexicaine : le peuple renverse le général Porfirio Diaz, un dictateur au pouvoir depuis plus de trente ans. C'est une période violente et beaucoup de personnes sont tuées.

Frida, qui a alors 5 ans, observe les combats, en sécurité depuis sa maison.

« Je me rappelle avoir regardé une bataille dans les rues. Les balles sifflaient tout près. J'entends encore leur bruit incroyable. »

Frida se passionne pour l'esprit de la Révolution mexicaine, la rébellion contre le pouvoir et la lutte pour la justice. Elle se cache dans une grande armoire pour chanter en secret des chants révolutionnaires.

Ces souvenirs et ces émotions l'animeront tout au long de sa vie. Plus tard, elle a même changé sa date de naissance à 1910 pour qu'elle corresponde au début de la Révolution !

Ces combats n'effraient pas autant Frida que la maladie de son père. Guillermo souffre en effet d'épilepsie, un mal que Frida ne comprend pas.

« Souvent, il marchait avec son appareil photo en bandoulière, il me tenait la main et, tout à coup, il tombait. J'ai fini par apprendre comment l'aider quand ces attaques arrivaient en pleine rue. »

Quand il n'est pas malade, son père est très affectueux et gentil. Il aime la nature insolente et rebelle de Frida.

Comme toutes les petites filles mexicaines de l'époque, les sœurs apprennent à coudre et à faire le ménage. Mais pas seulement. Guillermo pense que ses filles doivent recevoir une bonne éducation, comme les garçons. Il inscrit donc Frida et Cristina dans une école allemande de Mexico.

Hélas, une tragédie frappe Frida très tôt, en 1914. Elle n'a alors que 6 ans.

« Tout a commencé par une terrible douleur dans ma jambe droite, du muscle jusqu'au pied... »

Frida attrape la <u>polio</u>, une maladie qui affaiblit les muscles et qui peut être mortelle. Elle reste alitée pendant neuf mois avant de se remettre. Mais elle garde des séquelles : sa jambe droite est atrophiée et affaiblie et son pied droit ne grandit plus.

Soudain, elle se sent différente des autres et très seule. À l'école, les enfants la surnomment « *Frida, pata de pelo!* » (Frida, jambe de bois).

Frida trouve refuge dans son imagination...

« Sur la fenêtre de ma chambre d'enfant...
Je soufflais en haut de la vitre.
Et, avec mon doigt, je dessinais une "porte"...

Par cette "porte", je pouvais sortir,
grâce à mon imagination, et mon amie imaginaire
m'attendait toujours derrière... Pendant qu'elle
dansait, je lui racontais mes problèmes secrets. »

Guillermo invente une série d'exercices intensifs pour aider Frida à retrouver ses forces.

patin à roulettes

vélo

bateau à rames

jeux de ballon

boxe

escalade dans les arbres

Je me fiche que les filles ne soient pas « censées » faire du sport.

Ces exercices se révèlent efficaces et Frida boite moins. Même si sa jambe reste atrophiée et faible, Frida devient encore plus intrépide qu'avant.

Guillermo lui apprend aussi à se servir de son appareil photo. La photographie couleur n'a pas encore été inventée et les images en noir et blanc doivent être colorées à la main. Frida adore cette activité qui retient toute son attention et l'empêche de penser à autre chose.

« J'ai eu une enfance merveilleuse parce que, même si mon père était malade, il a été pour moi un exemple extraordinaire de tendresse, de travail acharné et surtout de compréhension face à mes problèmes. »

À 14 ans, la brillante Frida réussit l'examen d'entrée dans la meilleure école du Mexique. Il n'y a que trente-cinq filles parmi les deux mille élèves, mais Frida n'a pas peur d'être différente ; en fait, elle commence même à aimer ça. Elle porte souvent des vêtements d'homme et se coupe les cheveux très courts.

Très vite, Frida se constitue un groupe d'amis créatifs
et intelligents qui aiment les mêmes choses qu'elle :
les livres, le jazz, la poésie et le socialisme.
Ils se font appeler les Cachuchas, qui veut dire
« casquette » en espagnol. Frida est heureuse
et amoureuse de la vie. Elle commence à sortir
avec Alejandro, un Cachucha.

Frida apprécie particulièrement les cours d'<u>anatomie</u>, de <u>biologie</u> et de <u>zoologie</u>. Elle veut étudier la médecine et devenir médecin. Mais une nouvelle tragédie va bouleverser ses plans.

L'accident, le 17 septembre 1925

« J'étais assise sur le côté, près de la rampe...
Quelques secondes plus tard, le bus percute un tramway.

Tout le monde a souffert. Surtout moi... »

Tout le corps de Frida est brisé.

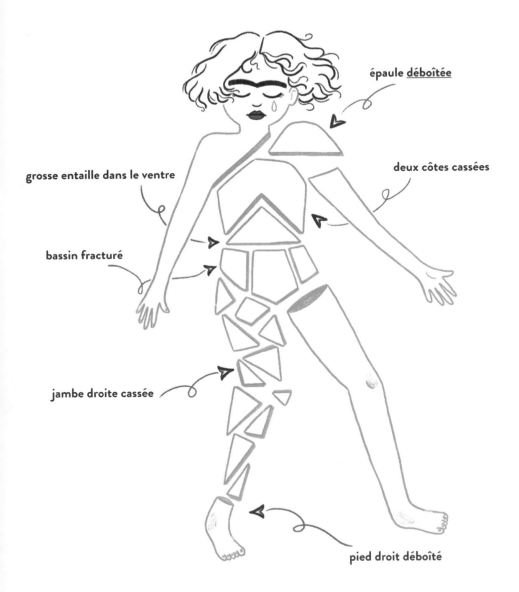

épaule <u>déboîtée</u>

deux côtes cassées

grosse entaille dans le ventre

bassin fracturé

jambe droite cassée

pied droit déboîté

Plusieurs personnes meurent dans l'accident et les médecins pensent que Frida ne survivra pas.

La mort danse autour de mon lit la nuit.

Tout le monde est stupéfait quand Frida commence à guérir. Mais sa vie ne sera plus jamais la même.

Frida reste alitée pendant trois mois. Malgré la douleur, la tristesse et la peur de la mort, son amour de la vie et son humour reprennent vite le dessus.

Mardi 13 octobre 1925

Cher Alejandro, tu sais mieux que quiconque combien je me sens triste dans cette porcherie d'hôpital...

Tout le monde me dit que je ne dois pas désespérer, mais personne ne sait ce que c'est de passer trois mois au lit...

Eh, au moins, la Pelona (la mort) ne m'a pas attrapée !

Alejandro ne vient pas voir Frida, mais ses amis lui tiennent compagnie. Elle lit tous les livres qui lui tombent sous la main, qu'il s'agisse de poésie, de philosophie, de politique ou d'art.

Frida semble complètement remise mais, un an plus tard, les médecins découvrent que trois de ses vertèbres ne sont pas à la bonne place. Elle doit retourner à l'hôpital. Pour corriger ce problème, elle doit se reposer pendant neuf mois et porter un corset de plâtre pour maintenir sa colonne vertébrale.

Son rêve de devenir médecin est brisé, mais Frida sent une immense énergie en elle. Elle veut en faire quelque chose.

Son père lui prête sa peinture et sa mère fait fabriquer un <u>chevalet</u> spécial pour que Frida puisse peindre allongée. Elle fait le portrait de ses amies, de ses sœurs et, grâce à un miroir fixé au plafond, d'elle-même.

Quand Frida est enfin libérée de son plâtre, elle a 20 ans. Elle est prête à profiter à nouveau de la vie. Elle décide de se concentrer sur l'art. Peindre les choses telles qu'elle les voit est devenu une obsession.

Une fois encore, Frida se fait un groupe d'amis qui partagent ses passions. Ce sont des artistes mexicains qui aiment parler de politique et qui rêvent d'une société plus juste.

Frida rejoint le Parti communiste mexicain et porte son symbole épinglé à ses vêtements.

Par l'intermédiaire de ses nouveaux amis, Frida rencontre l'homme qui va bouleverser sa vie aussi radicalement que l'accident de bus.

Diego Rivera
1886-1957
célèbre peintre mexicain

Le nouveau gouvernement mexicain essaie de réunifier le pays. Il embauche Diego pour peindre des <u>fresques</u> géantes célébrant l'art populaire, la culture et les traditions du Mexique, à la place de l'histoire et de l'art européens. Ces fresques ne sont pas seulement de magnifiques œuvres d'art, elles fourmillent d'informations.

Frida n'est pas intimidée par la renommée de Diego.
Elle veut savoir ce qu'un artiste
reconnu pense de
ses tableaux.

Diego, descends de là,
s'il te plaît ! J'ai quelque
chose d'important
à te dire !

Diego se souviendra toujours de ce moment, et particulièrement des sourcils étonnants de Frida, qui se rejoignent au-dessus de son nez.

Mais, surtout, il est stupéfait par ses tableaux. Il les trouve sincères et vrais. Frida l'invite à voir d'autres de ses œuvres et, bientôt, ils tombent amoureux. Diego peint même Frida sur l'une de ses fresques.

Frida se fiance à Diego contre l'avis de sa famille qui voit de nombreuses raisons pour que Frida n'épouse pas Diego.

Diego a vingt et un ans de plus que Frida.

Diego est beaucoup trop corpulent pour Frida. C'est comme si un éléphant épousait une colombe !

Diego a déjà été marié deux fois.

Notre fille est malade et elle le sera toute sa vie.

Quand ils se marient, en 1929, seul le père de Frida
vient au mariage.

Au début, Frida adore sa nouvelle vie. Elle se met à
porter le costume mexicain traditionnel chaque jour,
se créant une identité bien à elle. Et elle peint de plus
en plus. Diego l'inspire. Ses compliments l'aident à
croire qu'elle aussi peut devenir artiste professionnelle.

Mais ce bonheur est de courte durée. Le couple
déménage à San Francisco, aux États-Unis,
où Diego est engagé pour peindre une fresque.
Il adore cet endroit, mais Frida se sent seule.
Diego est toujours en réunion ou en train de faire
la fête, alors que Frida a du mal à se faire des amis.

Je n'aime pas les gringos.
Ils sont ennuyeux et ils ont
tous une tête de pain mal cuit.

À San Francisco, Frida affronte une nouvelle tragédie quand elle fait sa première <u>fausse couche</u>. Son corps a énormément souffert dans l'accident de bus et les docteurs lui disent qu'elle ne pourra sans doute jamais avoir d'enfant. Frida a le cœur brisé.

Frida est ravie quand Diego lui apprend qu'il rentre travailler au Mexique. Elle retrouve avec bonheur les paysages sublimes, les sons et les odeurs de son pays.

Ils commencent à construire une magnifique maison mais, très vite, Diego doit retourner aux États-Unis, à New York cette fois. Comme Frida ne veut pas rester seule au Mexique, elle l'accompagne.

Diego adore New York, mais, là encore, Frida a la nostalgie du Mexique et se sent malheureuse. Elle crée un collage peu flatteur de New York qui montre tout ce qu'elle déteste de cette ville.

« Les Américains vivent dans une espèce d'énorme poulailler sale et inconfortable...

... les riches vivent dans le luxe, juste à côté des sans-abri et des pauvres...

... les gens font semblant d'être ce qu'ils ne sont pas...

... la seule couleur, c'est celle de mon costume mexicain... »

Diego peint ensuite une fresque à Detroit – une ville d'usines et de machines. C'est une région très pauvre des États-Unis, mais Frida et Diego la trouvent plus accueillante que New York.

Alors que Diego peint l'un de ses plus grands chefs-d'œuvre, Frida se remet de la perte d'un autre bébé.

Elle peint alors comme jamais auparavant.
Ses autoportraits dévoilent les terribles pensées
et images qui se bousculent dans sa tête.
Elle n'a pas peur de peindre sa détresse et sa douleur.

Même Diego est stupéfait. « Aucune femme n'a
jamais mis autant de chagrin poétique sur une toile
que Frida », dit-il.

Enfin, en 1933, Frida et Diego rentrent au Mexique dans leur nouvelle maison. Constituée de deux cubes reliés par un pont, elle ressemble plus à une œuvre d'art qu'à une maison.

Frida vit dans le petit cube. Elle le remplit d'animaux exotiques : des singes-araignées effrontés, un adorable faon, des oiseaux et de minuscules chiens Xoloitzcuintle sans poil.

Mais un nouveau drame se joue.
En 1934, alors que Frida se remet
d'une opération, elle découvre que
Diego entretient une liaison amoureuse
avec sa sœur cadette Cristina.

Frida quitte leur maison et s'installe
dans un petit appartement à Mexico.
Elle n'essaie pas de cacher sa peine.
Au contraire, elle la peint.

Elle commence une nouvelle relation
avec Léon Trotski, alors marié.
Mais, au plus profond d'elle-même,
elle aime toujours Diego...

... même si nous devons supporter
nos colères sans fin, les portes
qui claquent, les insultes furieuses
et les coups de téléphone depuis
l'autre bout du monde,
nous nous aimerons toujours.

Les tableaux de Frida deviennent de plus en plus puissants, à mesure qu'elle expérimente de nouvelles façons d'exprimer ses angoisses et ses émotions.

Elle peint de nombreux autoportraits sur un simple fond vide pour montrer combien elle se sent seule.

Finalement, Frida retourne vivre avec Diego qui continue de l'encourager à peindre. En 1938, Frida monte sa première exposition en solo, à la galerie Levy à New York.

C'est un grand succès : les critiques l'adorent et on lui commande de nouveaux tableaux. Frida gagne de l'argent grâce à son art et devient une star !

Peu après, Frida est invitée à présenter ses œuvres
à Paris où elles font grande impression. Le musée
du Louvre se porte même acquéreur de l'une
de ses toiles.

Picasso, l'un des plus célèbres artistes européens de cette époque, offre une paire de boucles d'oreilles à Frida en signe de respect.

Certains considèrent la peinture de Frida comme <u>surréaliste</u>. Ce genre d'art essaie de montrer ce qui se passe vraiment dans l'esprit et ressemble souvent plus à un rêve qu'à la vraie vie. Mais Frida n'est pas d'accord.

> Je ne peins jamais de rêves. Je peins ma propre réalité.

Elle essaie de peindre la vie telle qu'elle la ressent. Elle peint des autoportraits parce qu'elle est la personne qu'elle connaît le mieux.

En 1939, le monde est bouleversé par le début de la Seconde Guerre mondiale, et la vie de Frida aussi.

En rentrant de Paris, elle s'aperçoit que Diego et Cristina se sont remis ensemble. En novembre 1939, Frida et Diego divorcent.

Frida est désespérée.

Je me sens si mal et si seule qu'il me semble que personne au monde ne devrait souffrir comme moi...

Parfois, au contraire, elle se sent pleine d'espoir pour l'avenir. Elle se peint sans relâche et trouve différentes manières de dévoiler ses sentiments.

Dans *Les Deux Frida*, Frida se donne la main à elle-même. Elle se représente avant et après que Diego l'a aimée et montre comment elle se sert de sa force intérieure pour guérir ses blessures, tout comme son amie imaginaire l'avait aidée quand elle était enfant.

Dans *Autoportrait aux cheveux coupés*, Frida a coupé ses longs cheveux et porte un costume d'homme. Elle exprime son indépendance et son aptitude à la liberté.

En 1940, Frida se rend à San Francisco où elle revoit Diego. Il lui demande de se remarier avec lui une deuxième fois et elle accepte à condition de rester indépendante.

Nous vivrons séparément. Je gagnerai mon argent en vendant mes tableaux.

J'étais tellement heureux que j'ai dit oui à tout.

Frida est désormais une artiste renommée. Sa vie est plus calme, mais sa santé se dégrade : son dos s'affaiblit de plus en plus. Comme elle est obligée de passer l'essentiel de son temps chez elle, elle remplit sa maison d'arbres et de fleurs, de beaux objets artisanaux mexicains et d'animaux.

Beaucoup de ces animaux apparaissent dans ses autoportraits, tout comme les plantes et les paysages du Mexique.

Maintenant que Frida est célèbre, elle enseigne la peinture à l'École mexicaine de peinture et de sculpture.

Contrairement à la plupart des autres professeurs, Frida ne demande pas à ses étudiants de copier des tableaux célèbres. À la place, elle leur montre la vraie vie mexicaine.

Elle les emmène observer son magnifique jardin et les marchés colorés, les <u>bidonvilles</u> où vivent les pauvres et d'intéressants sites historiques. Elle leur demande même de peindre leurs propres fresques dans la rue.

Quand Frida devient trop malade pour enseigner à l'université, ses étudiants viennent prendre leurs cours chez elle.

Frida n'a que 37 ans, mais son dos est si faible qu'elle peut à peine tenir assise ou debout. Souvent, elle ne peut rien faire, à part rester allongée sur son lit dans un corset d'acier. Elle commence à tenir un journal rempli de dessins, de collages et de textes. Comme dans ses tableaux, elle essaie d'exprimer ses pensées et ses sentiments profonds, même s'ils semblent n'avoir aucun sens.

En 1946, le ministère mexicain de l'Éducation décerne un prix à Frida pour l'un de ses tableaux. Bien qu'elle souffre beaucoup, Frida vient assister à la cérémonie et continue à peindre.

Dans *Arbre de l'espérance*, elle peint deux versions d'elle-même : Frida vue de l'extérieur, étendue sur un lit d'hôpital au bord d'un gouffre sans fond…

... et Frida vue de l'intérieur, dans de beaux vêtements, assise et portant un drapeau qui dit « Arbre de l'espérance, tiens bon ».

Cette peinture montre que, même dans les moments difficiles, elle trouve du courage en elle-même.

ÁRBOL DE LA ESPERANZA MANTENTE FIRME.

Je n'ai jamais perdu courage. Je passais tout mon temps à peindre.

Les tableaux que Frida peint à la fin de sa vie
témoignent de son obsession pour la mort.
Malgré cela, elle parvient à trouver espoir et force.

Vendredi 30 janvier 1953

Malgré ma longue maladie,
j'éprouve une joie immense
à ÊTRE EN VIE.

En 1953, Frida tient sa première exposition en solo au Mexique. Bien décidée à s'y rendre, elle arrive en ambulance et assiste à l'inauguration, depuis un lit installé au milieu de la galerie.

En 1954, la santé de Frida est plus fragile que jamais. Pourtant, elle continue de se battre pour la justice et la paix dans le monde et brandit une banderole ornée d'une colombe lors d'une manifestation politique. Elle meurt onze jours plus tard, le 13 juillet 1954.

Après sa mort, la célébrité de Frida ne fait que s'accroître. Aujourd'hui, ses tableaux se vendent des millions ! On en trouve des reproductions dans les maisons mexicaines et partout dans le monde. Des livres et des films célèbrent aussi sa vie.

Frida peignait de petits tableaux sur de grands thèmes. Ils montrent que la tristesse, la douleur et le deuil font partie de la vie. Mais ils montrent aussi que le courage, l'espoir et la passion peuvent nous aider à surmonter tous les obstacles.

L'un des derniers tableaux de Frida représente des pastèques colorées, avec son ultime message au monde : « Vive la vie ».

CHRONOLOGIE

1907
Magdalena Carmen Frida Kahlo Calderón naît à Coyoacán, au Mexique, le 6 juillet. On l'appelle « Frida ».

1910
Début de la Révolution mexicaine. Elle impressionne tellement la jeune Frida qu'elle affirmera plus tard être née en 1910.

1914
Frida attrape la polio et reste alitée neuf mois pour s'en remettre.

1927
Enfin libérée de son plâtre, Frida rejoint le Parti communiste mexicain.

1928
Frida rencontre le célèbre peintre mexicain Diego Rivera. Ils se marient l'année suivante.

1930
Les jeunes mariés déménagent à San Francisco. Frida est malheureuse, elle a le mal du pays.

1933
Frida et Diego rentrent enfin au Mexique et emménagent dans leur nouvelle maison.

1938
Frida fait sa première exposition en solo à la galerie Levy de New York. C'est un grand succès !

1939
Frida peint *Les Deux Frida*, l'une de ses œuvres les plus connues. Frida et Diego divorcent.

1946
Le ministère mexicain de l'Éducation récompense Frida pour *Moïse*. Elle peint *Arbre de l'espérance*.

1953
Frida donne sa première exposition en solo au Mexique. Elle assiste à l'inauguration depuis un lit au centre de la galerie.

1954
Frida meurt le 13 juillet. Elle a à peine 47 ans.

1922

Frida entre à l'École préparatoire nationale où elle se passionne pour l'anatomie, la biologie et la zoologie.

1925

Le 17 septembre, Frida est victime d'un accident de tramway à Mexico. Elle est grièvement blessée et doit une fois de plus rester alitée pendant des mois. Elle semble tout à fait guérie...

1926

... mais un an plus tard, les médecins découvrent qu'elle a des problèmes au dos, et elle passe encore neuf mois au lit. Frida commence à peindre et crée son premier autoportrait.

1931

Le couple rentre au Mexique et commence la construction d'une nouvelle maison mais, cinq mois plus tard, ils repartent aux États-Unis, à New York, cette fois. Frida peint *Ma robe est suspendue là-bas.*

1932

Frida et Diego partent à Detroit.

1940

Après son divorce, Frida peint *Autoportrait aux cheveux coupés.* Pourtant, elle se remarie avec Diego la même année à condition de rester indépendante.

1943

Frida peint *Autoportrait au singe* et devient professeur de peinture à l'École mexicaine de peinture et de sculpture.

1944

La santé de Frida se dégrade et elle est souvent obligée de garder le lit, enfermée dans un corset d'acier. Elle peint *La Colonne brisée* pour exprimer sa douleur.

Aujourd'hui

On se rappelle de Frida Kahlo pour ses incroyables autoportraits, ses robes colorées et son courage face aux épreuves de la vie.

GLOSSAIRE

anatomie – étude du corps des humains, animaux et autres organismes vivants.

bidonville – quartier où les populations pauvres vivent dans des maisons fabriquées avec des matériaux de récupération.

biologie – étude de tous les organismes vivant sur terre, des raisons et des origines de leur apparition et des facteurs qui influencent leur développement.

chevalet – support en bois sur lequel l'artiste pose sa toile pour la peindre.

communisme – doctrine prônant le partage des richesses et une société égalitaire.

dictateur – dirigeant politique qui exerce un contrôle absolu sur son pays et le conserve par la force et la peur grâce à l'appui de ses armées.

déboîter – faire sortir un os de son articulation.

épilepsie – maladie du cerveau qui provoque de violentes crises de convulsion avec perte de connaissance.

fausse couche – perte non désirée d'un fœtus pouvant être due à une malformation ou autre.

fresque – technique de peinture murale sur un enduit frais avant qu'il ne sèche.

gringo – terme utilisé dans les pays de langue espagnole pour désigner un étranger, en général un Américain.

polio – maladie grave qui affaiblit les muscles. Il n'existe pas de remède à la polio, mais elle peut être évitée grâce à un vaccin.

révolution – renversement violent du pouvoir en place par un groupe de personnes opposées à leurs idées et souhaitant prendre le pouvoir. Les révolutions sont souvent suivies par une période de troubles.

socialisme – théorie politique basée sur l'idée que les terres et les entreprises doivent être la propriété de la communauté dans son ensemble plutôt que celle des individus.

surréalisme – mouvement artistique du XXe siècle qui explore les rêves et leur

capacité à révéler nos pensées et nos désirs les plus intimes.

vertèbres – ensemble de trente-trois petits os empilés qui forment la colonne vertébrale. Les vertèbres protègent la moelle épinière et soutiennent le poids du corps.

zoologie – étude des animaux, de leur structure, de leur comportement et de leur habitat.

TRADUCTIONS

p. 53 : « Yo soy la Desintegración » signifie : « Je tombe en morceaux ».
p. 57 : « Despierta Corazón Dormido » signifie : « Réveille-toi, cœur endormi ».

INDEX

CRÉDITS PHOTOGRAPHIQUES

Photographie de la page 61 : Granger Historical Picture Archive /
Alamy Stock Photo.